MON LIVRE DE CORIAGE

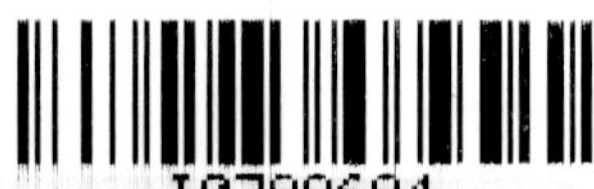

JE M'APELLE

____

____

____

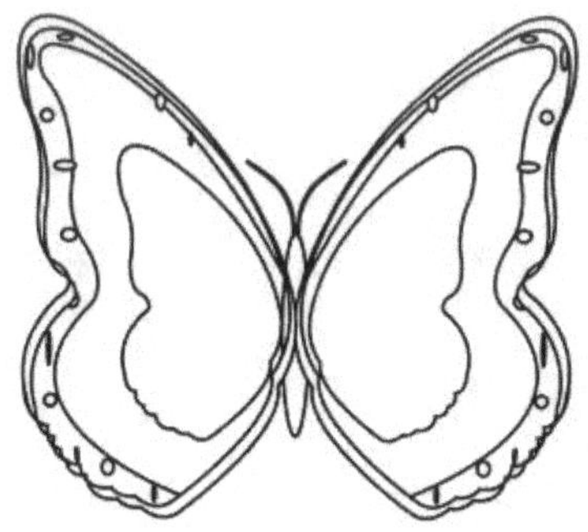

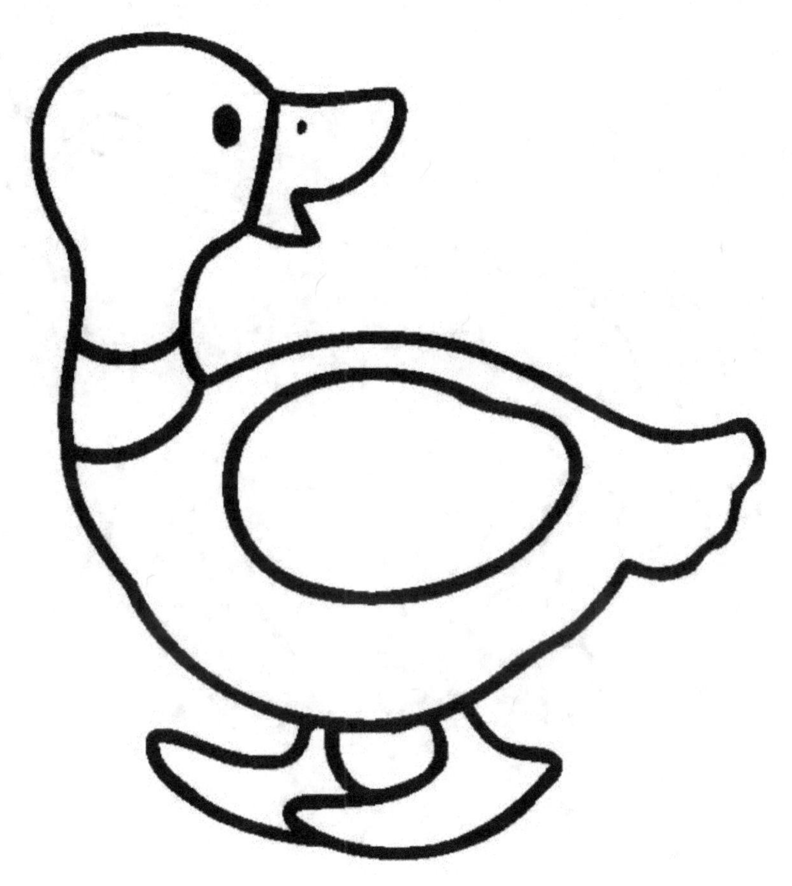

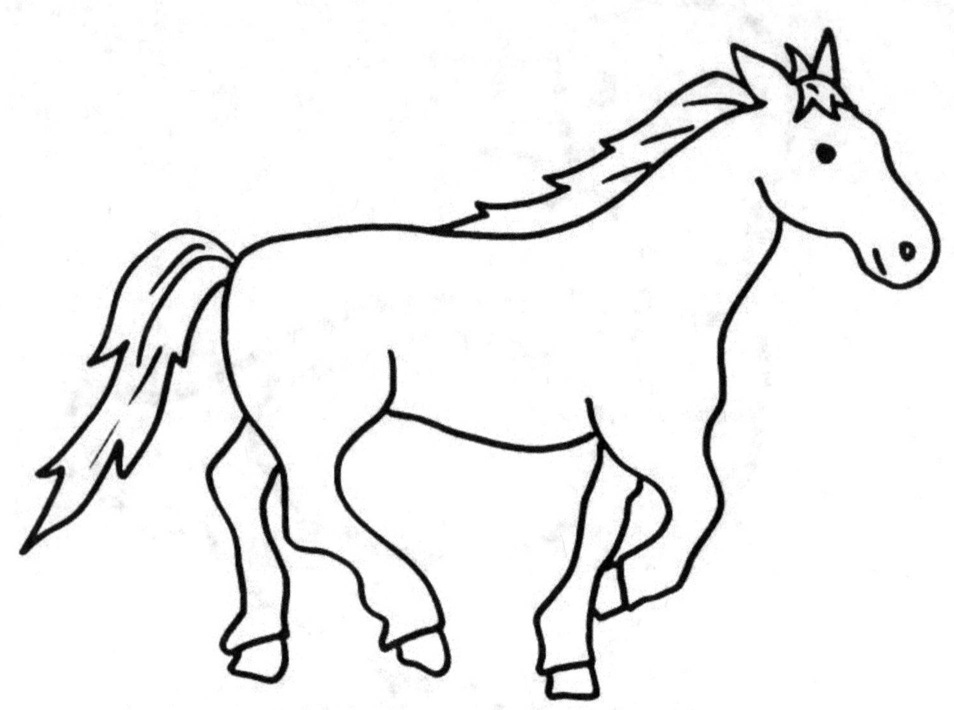

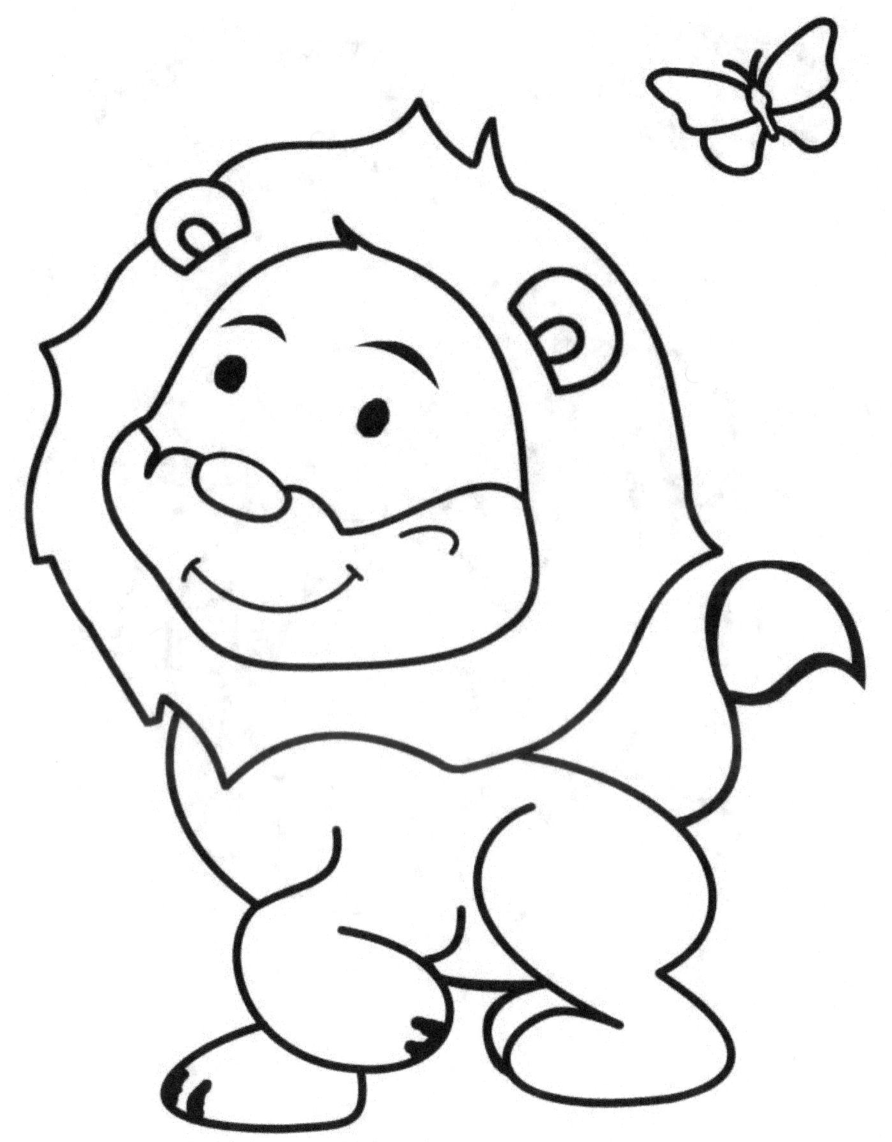

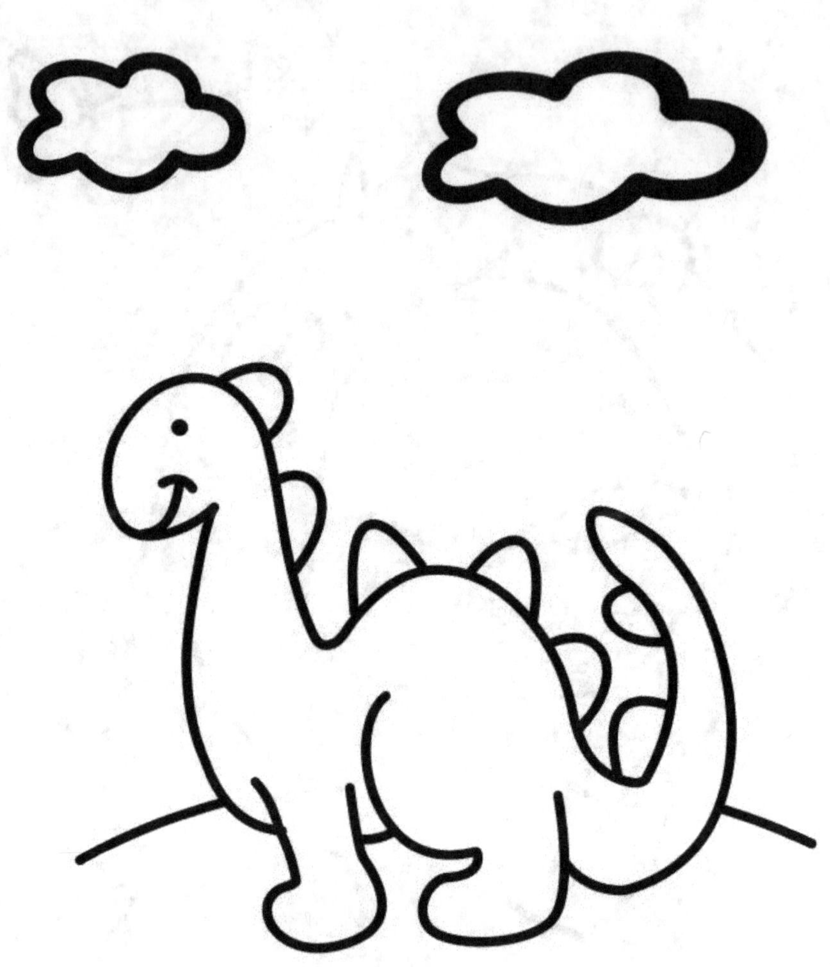

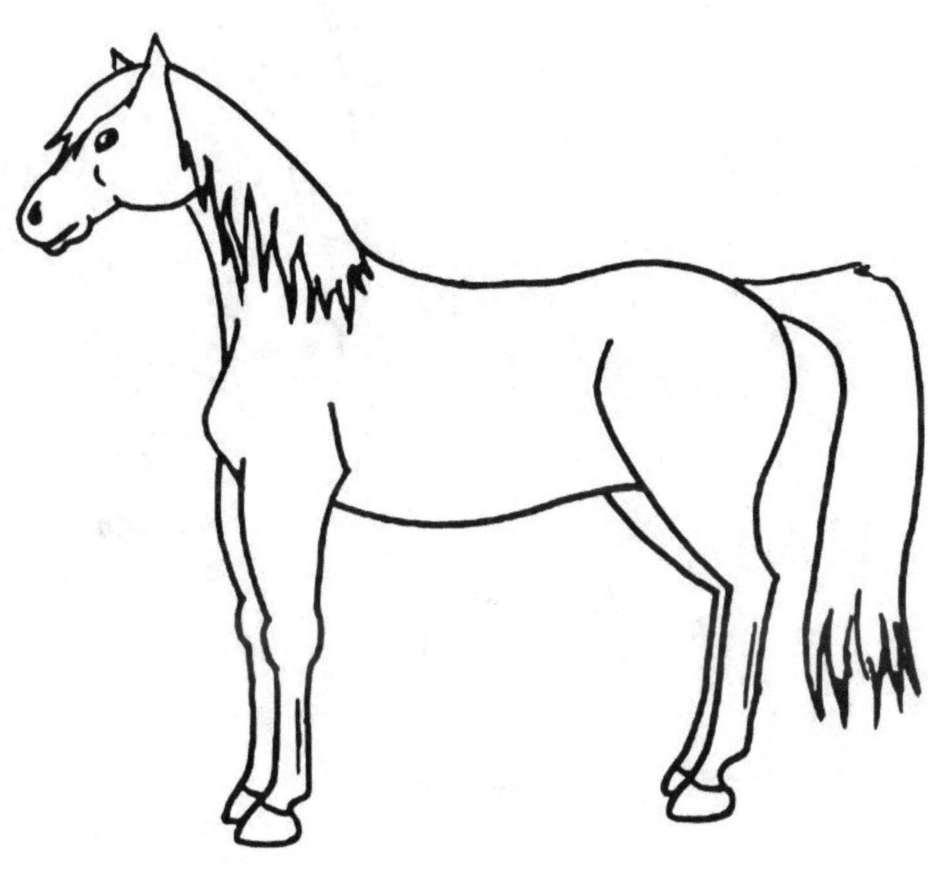

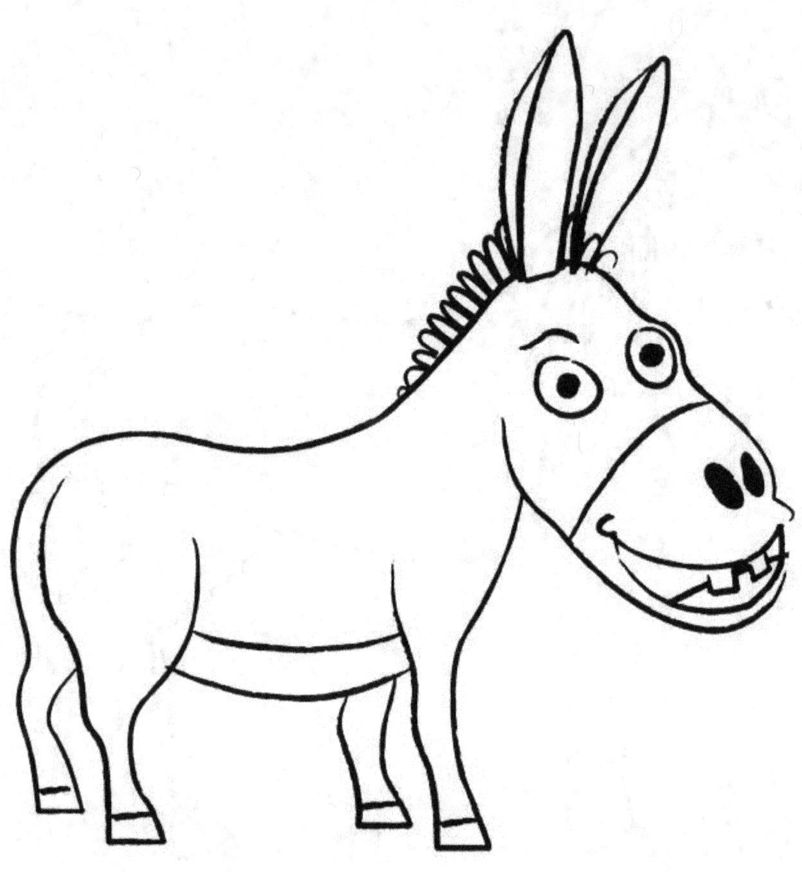

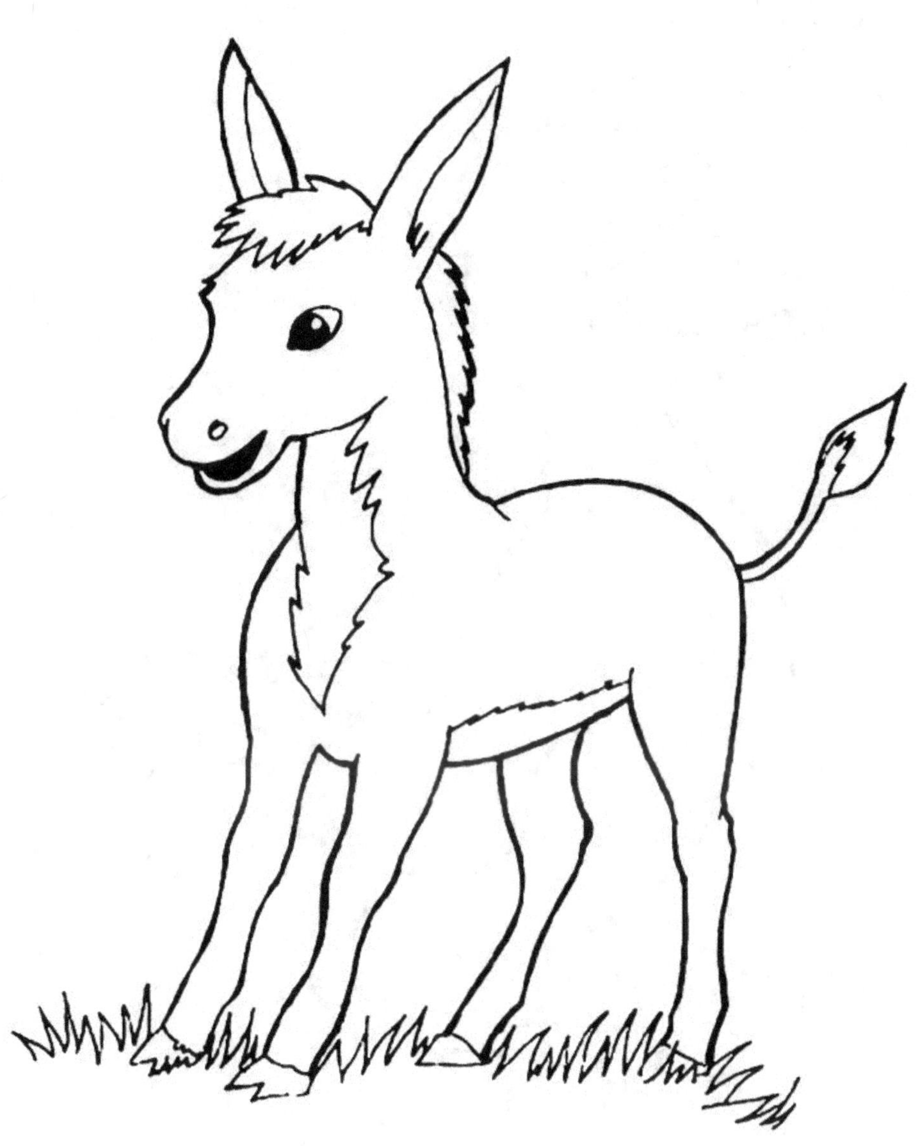

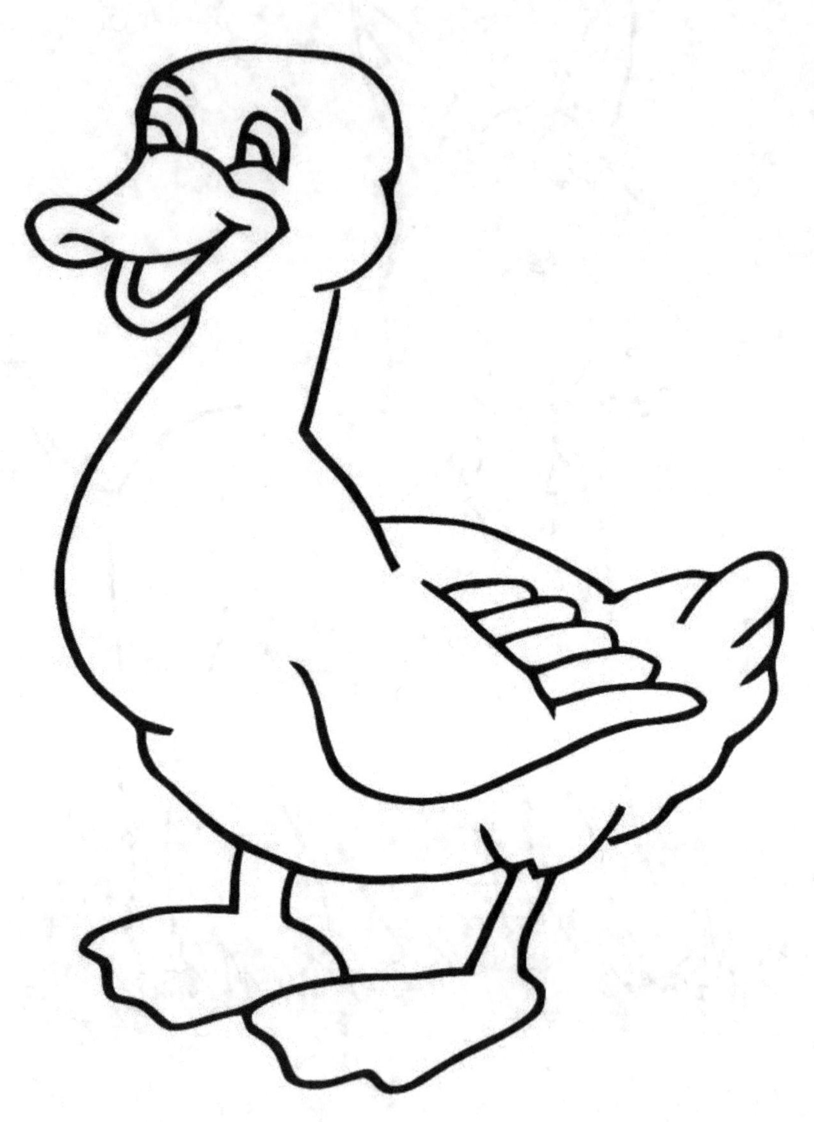

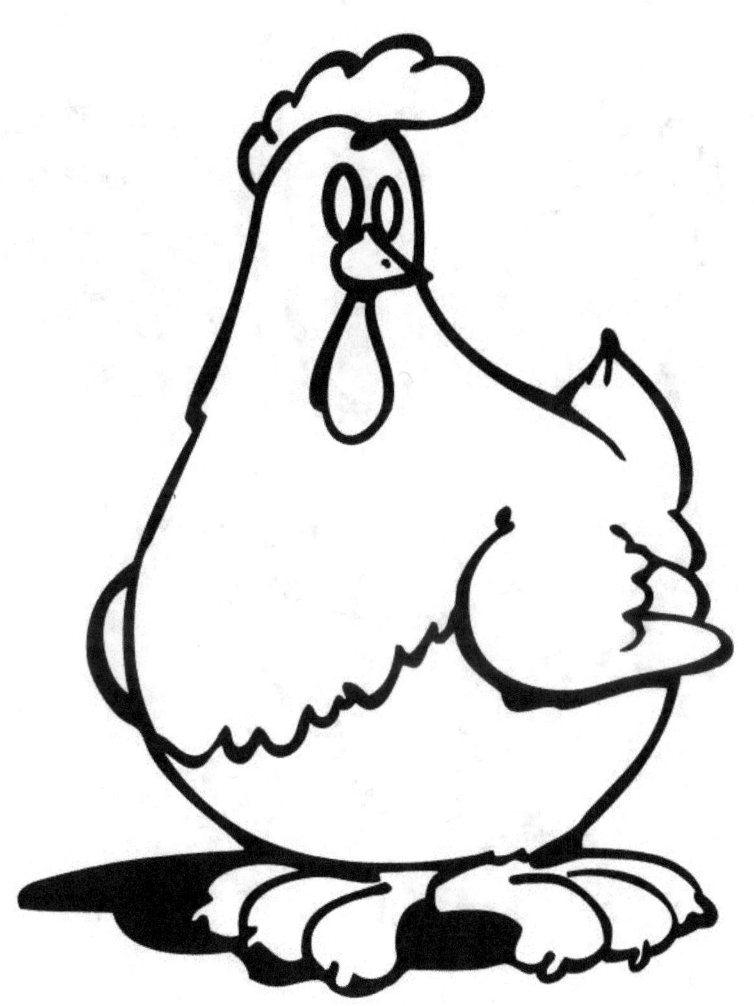

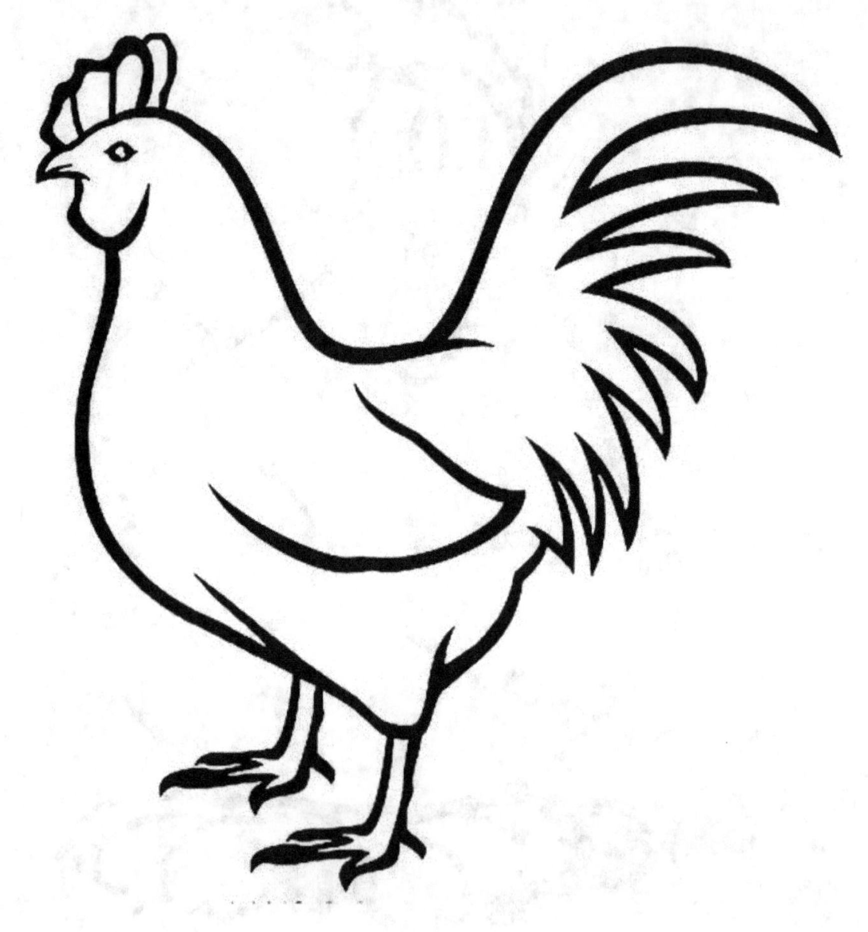

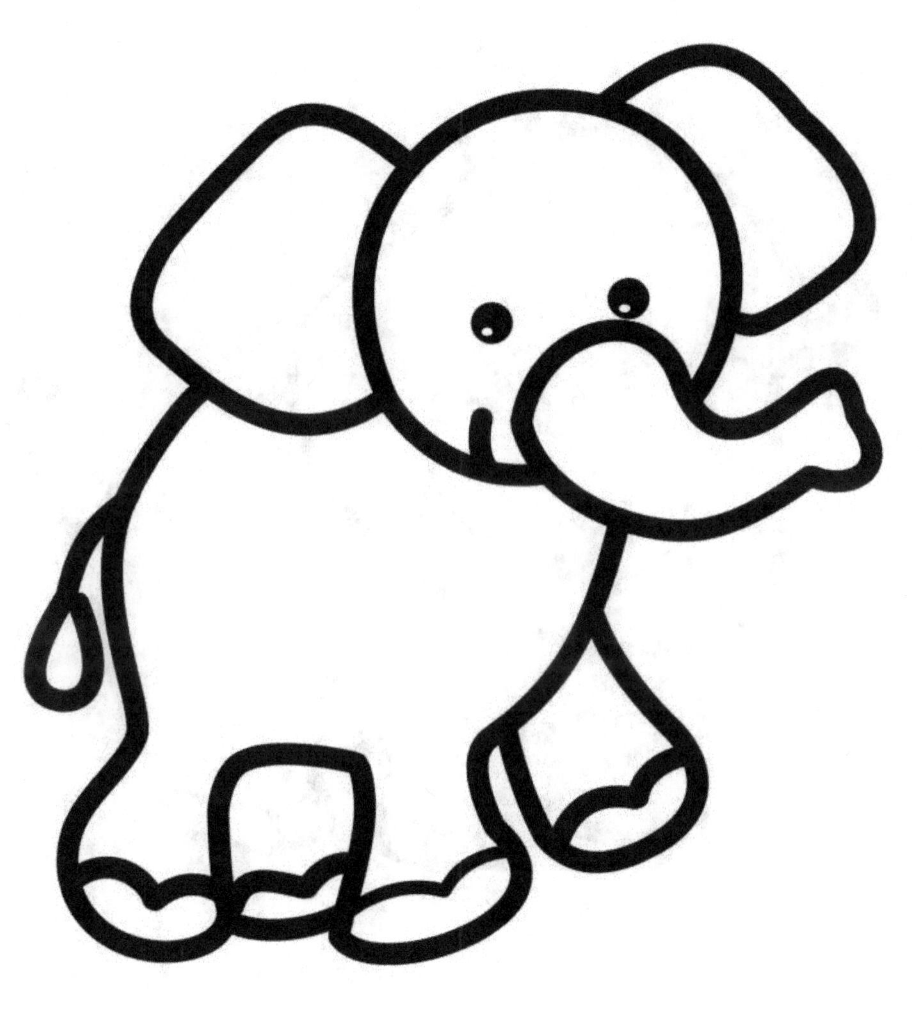

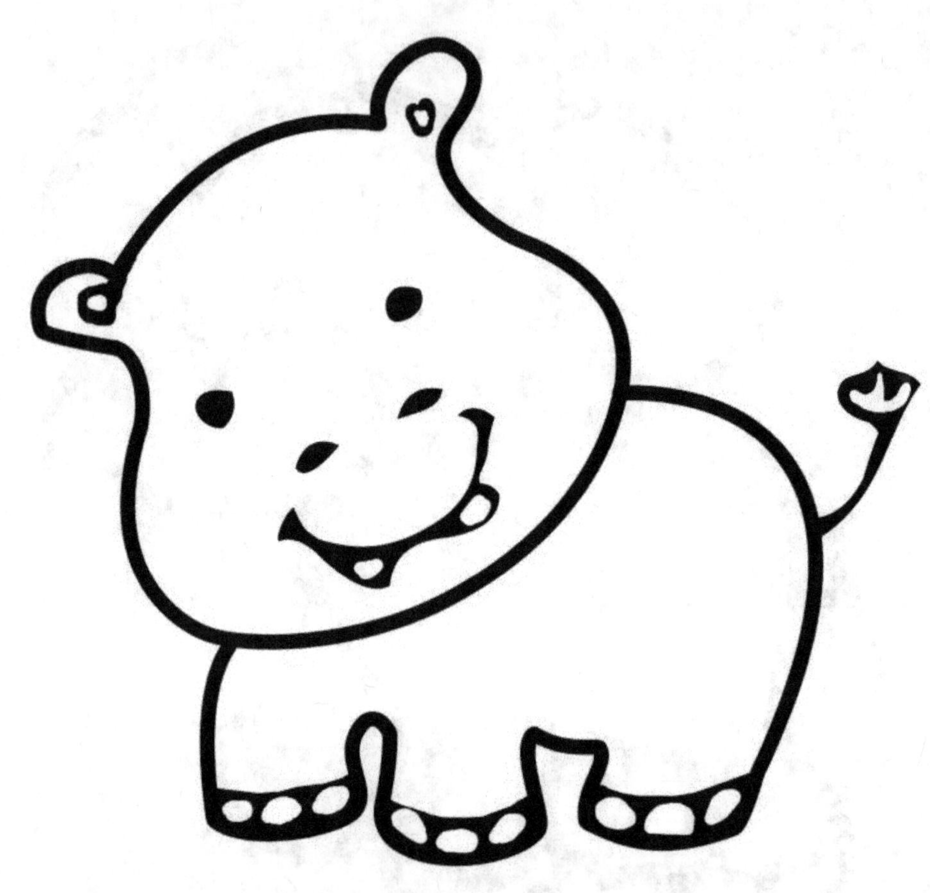

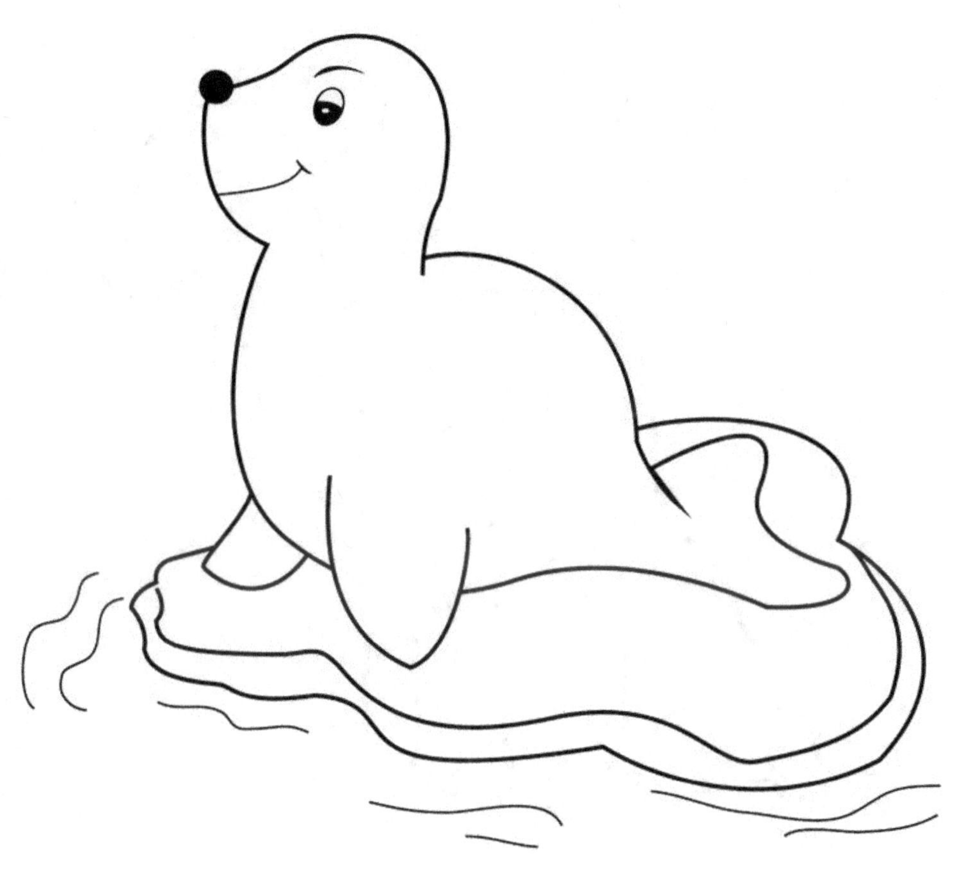

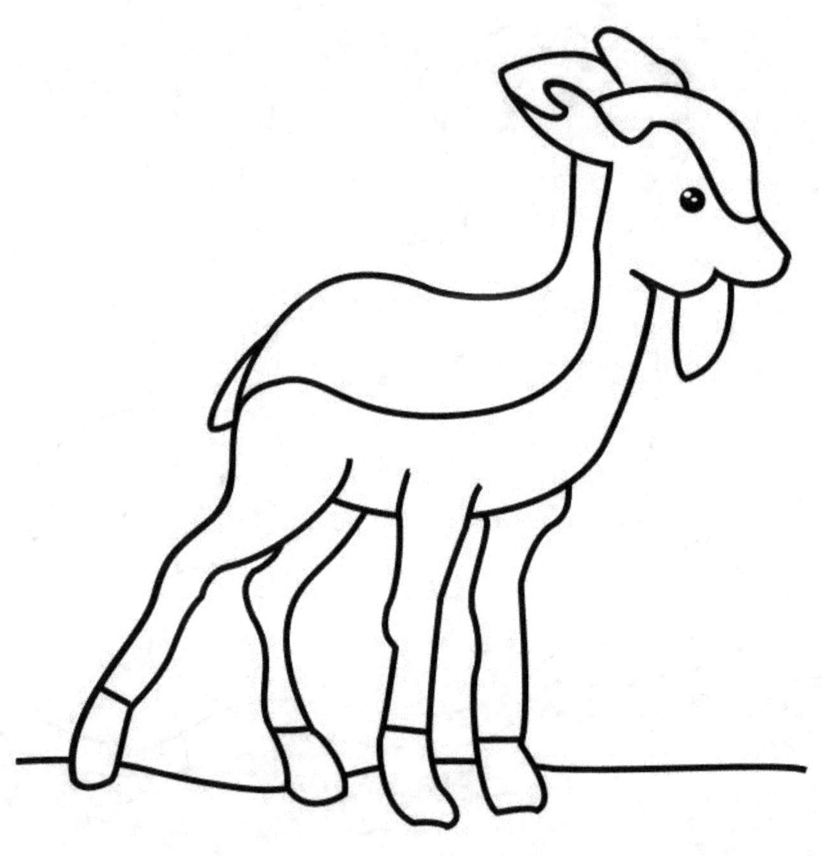

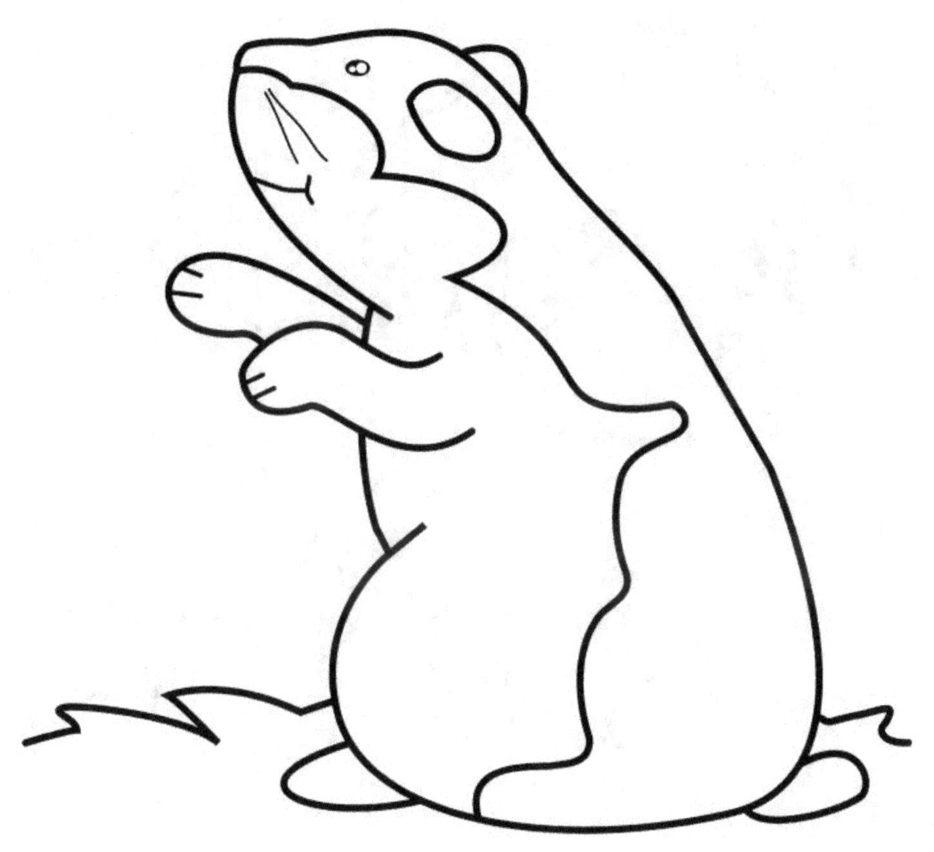

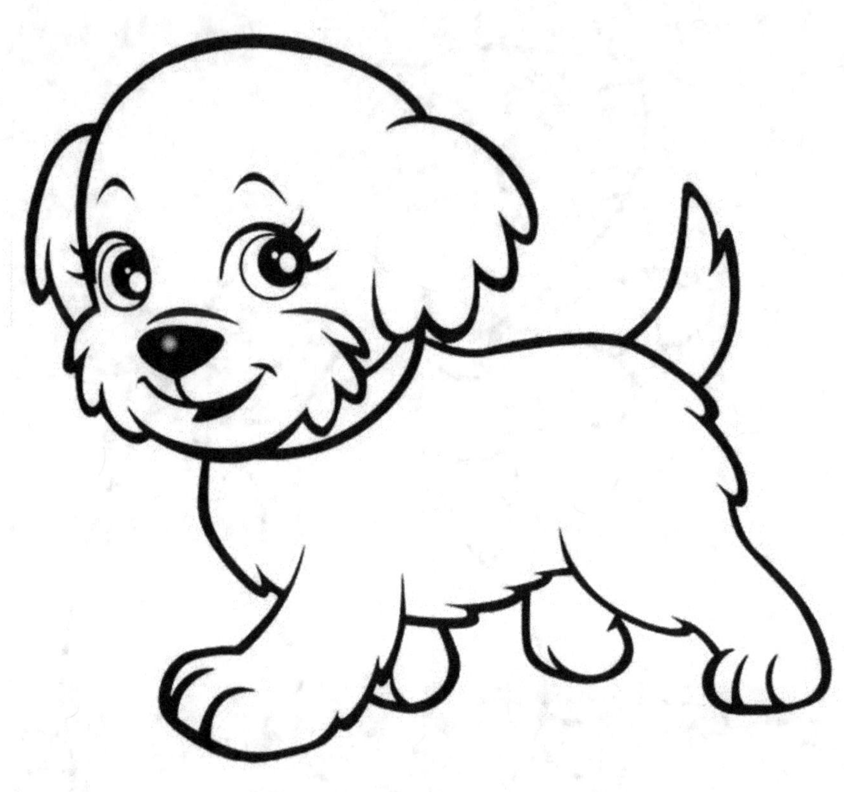

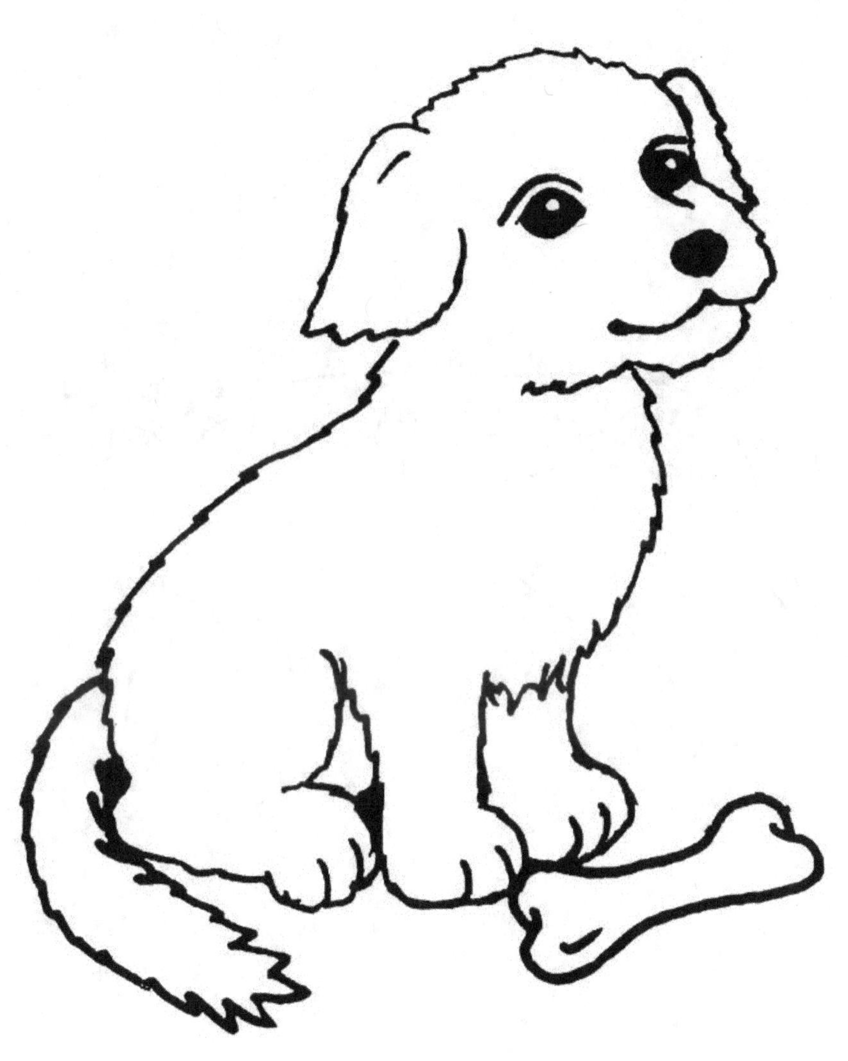

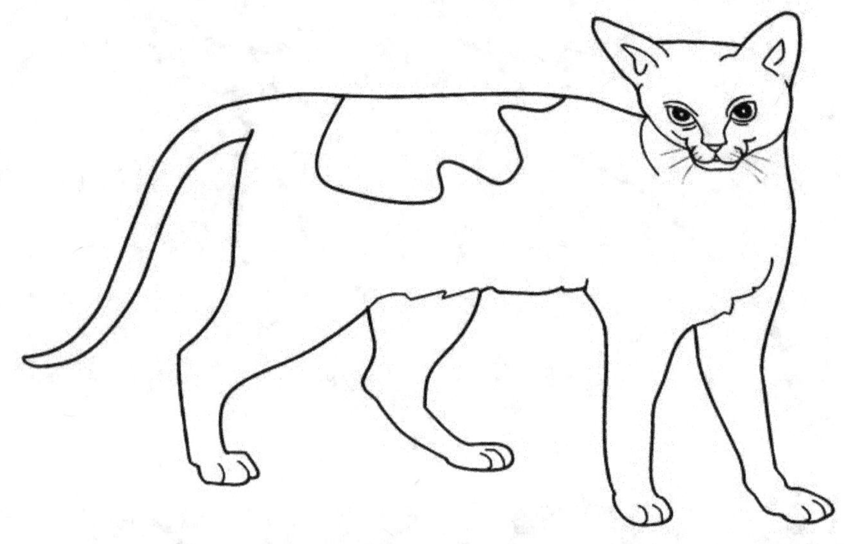

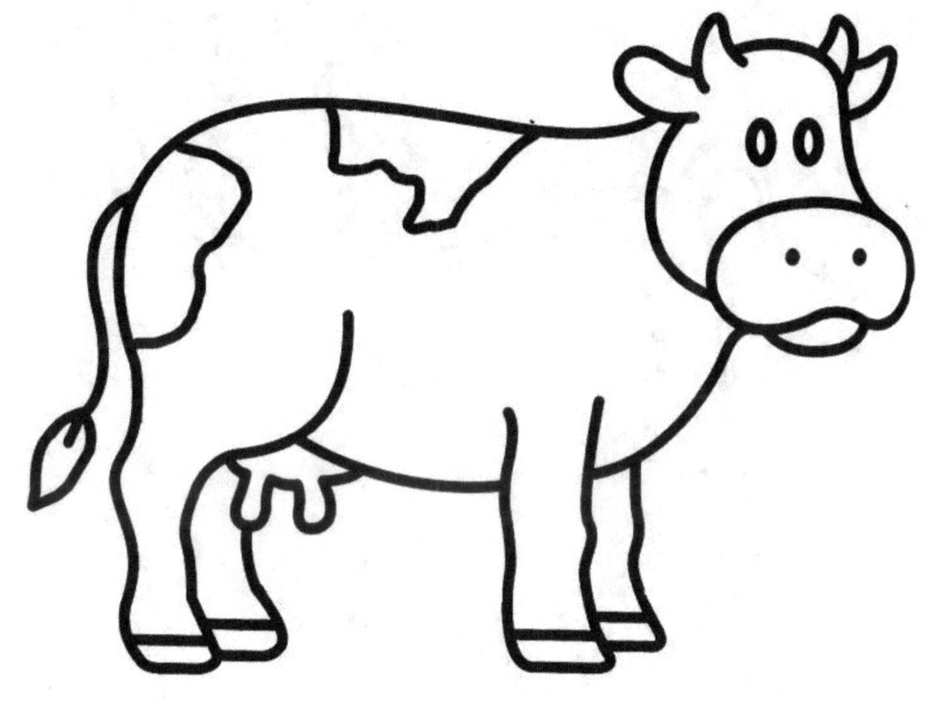

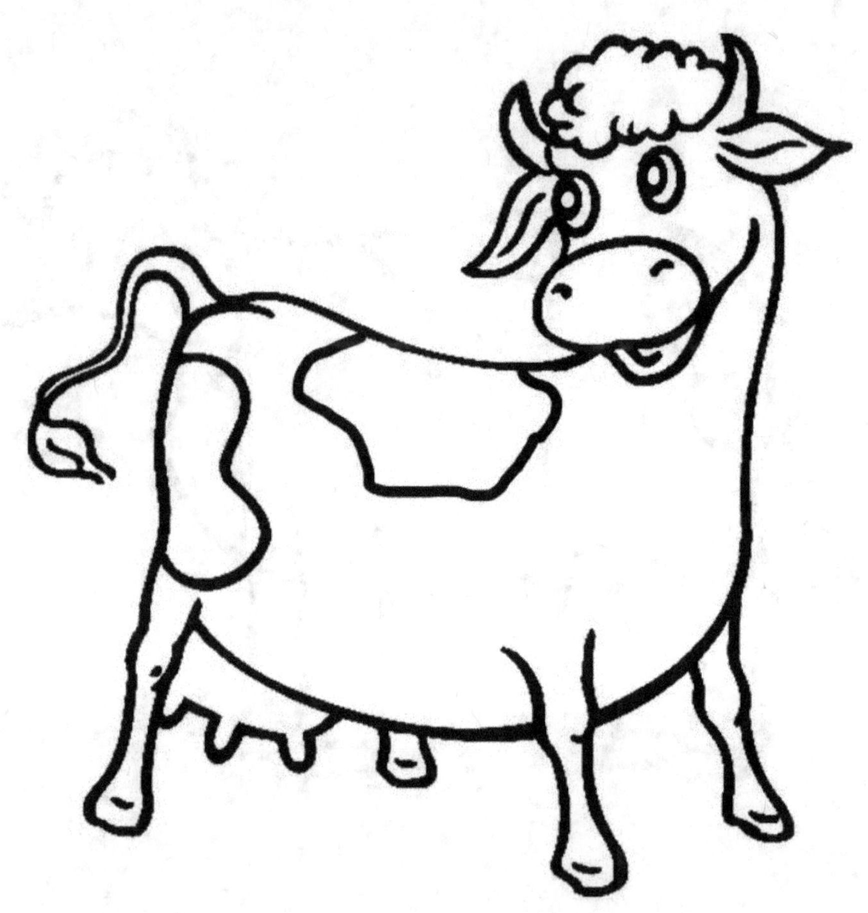

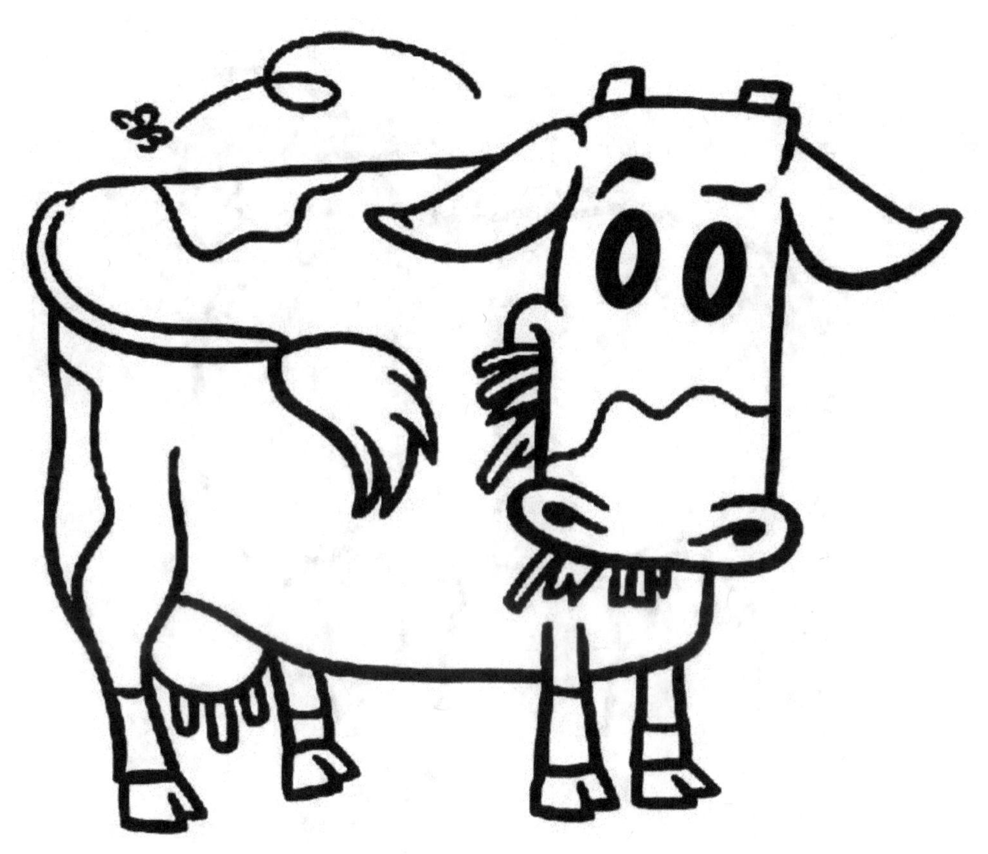

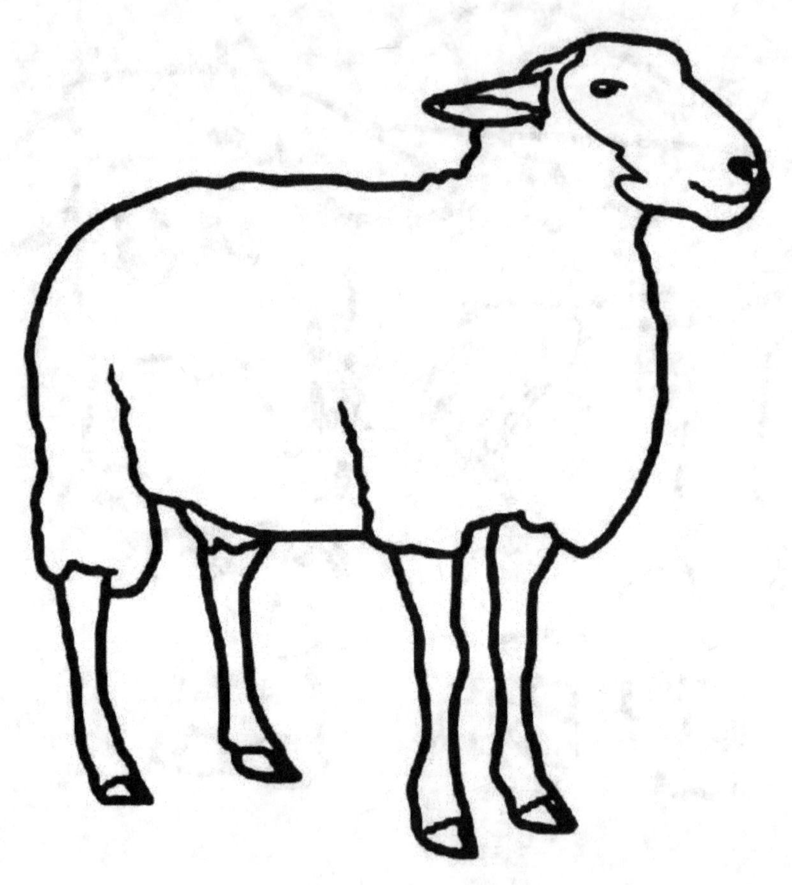

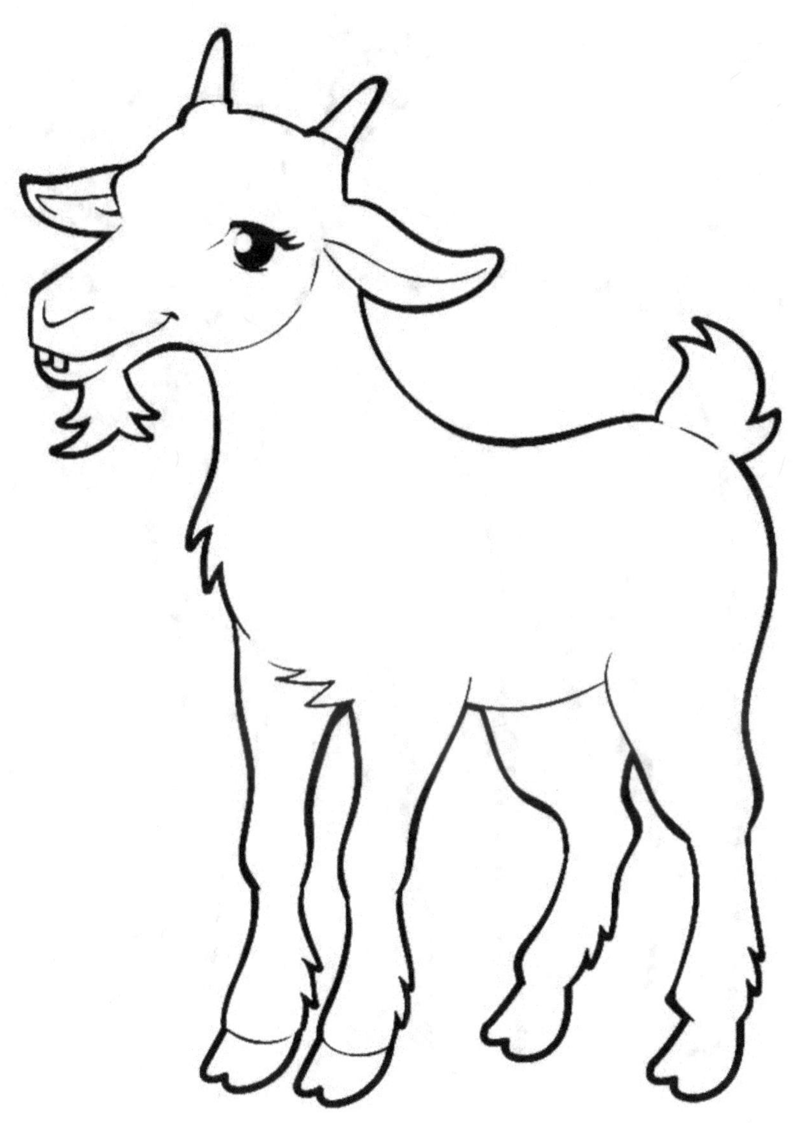

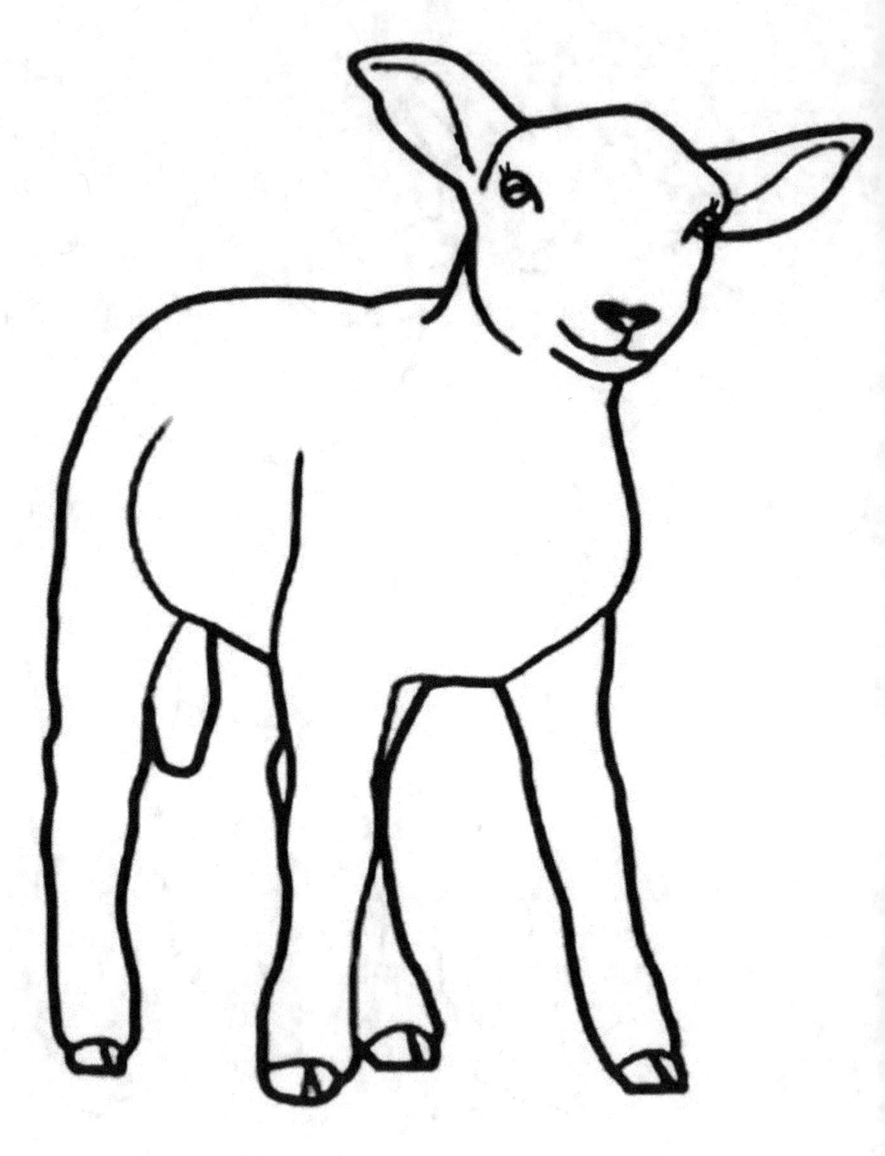